Wer ist Lolly_blu?

Annette Weber

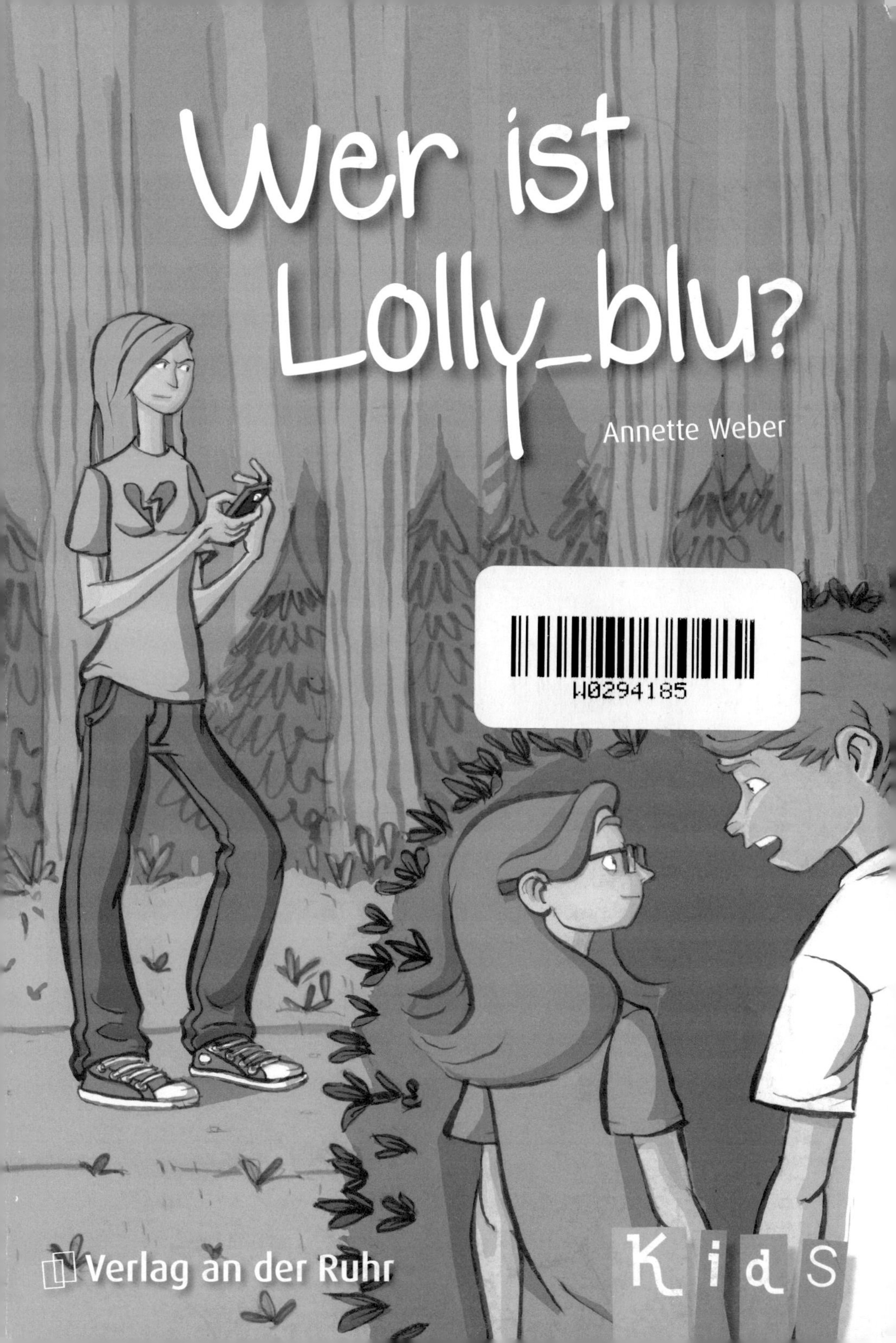

Verlag an der Ruhr

KidS

Impressum

Titel

KidS – Klassenlektüre in drei Stufen

Wer ist Lolly_blu? – Lesestufe 3

Autorin

Annette Weber

Titelbildmotiv und Illustrationen

Alexander Schmalz

Druck

Heenemann GmbH & Co. KG, Berlin, DE

Verlag an der Ruhr

Mülheim an der Ruhr

www.verlagruhr.de

Ab 8 Jahre

ISBN 978-3-8346-2444-4

Begleitendes Unterrichtsmaterial:

KidS – Literatur-Katei „Wer ist Lolly_blu?"

3-fach differenzierter Lesebegleiter

ISBN 978-3-8346-2445-1

Inhaltsverzeichnis

Niklas und Lotte

„Lotte, das ist Niklas! Niklas, das ist Lotte!“ Frau Schaub, Lottes Mutter, beobachtete aufgeregt, wie Lotte Niklas die Hand reichte. Sie wollte so gerne, dass sich die Kinder gut verstehen.

Niklas aber nahm die Hand nicht.

„Hi“, machte er nur ganz kurz.

„Hallo“, erwiderte Lotte und sah sehr enttäuscht aus. „Blöder Typ“, dachte sie verärgert. „Jungs sind immer so coole Angeber.

„Komisches Mädchen“, dachte Niklas genervt und musterte Lotte. „Mit dieser roten Brille sieht sie aus wie eine Streberin“.

Ulrike Schaub warf ihrem Freund Hajo Wegener einen besorgten Blick zu. Seit einem halben Jahr waren Ulrike und Hajo nun ein Paar. Ihre Kinder Lotte und Niklas dagegen kannten sich noch nicht. Jetzt wurde es endlich Zeit, dass sich die beiden kennenlernten.

Lottes Mutter besaß ein kleines Ferienhaus. Es lag mitten im Wald und nicht weit von einem See entfernt. Dort wollten sie nun gemeinsam Urlaub machen. Lotte und ihre Mutter waren schon früh losgefahren. Sie hatten bereits die Betten bezogen und die Fenster geöffnet. Dann warteten sie darauf, dass Hajo und Niklas eintrafen.
Doch nach dieser unglücklichen Begrüßung spürten Hajo und Ulrike sofort, dass der Urlaub schwierig werden könnte.

„Hajo und ich nehmen das Schlafzimmer unten“, schlug Frau Schaub schnell vor.

„Lotte und Niklas, ihr bekommt beide ein eigenes Zimmer unter dem Dach.“

Lotte und Niklas nickten, sagten aber nichts dazu.

Eigentlich gehörte das kleine Ferienhaus Lottes Großeltern. Es stand in einer Ferienhaussiedlung und lag doch ganz allein zwischen hohen Fichten. Schon vom Wohnzimmer aus hatte man einen wunderschönen Blick auf den See. Zu dem Haus gehörte sogar noch ein rotes Kanu. Es war an dem Bootssteg angebunden, der auf den See führte.

„Mit Papa allein wäre das bestimmt toll hier“, dachte Niklas unglücklich. „Warum hat Papas Freundin bloß keinen Sohn? Was soll ich denn mit so einem komischen Mädchen anfangen?“

Niklas wurde richtig traurig.

„Wenn ich mit Mama allein hier wäre, hätten wir viel Spaß“, dachte Lotte. Auch sie wurde richtig unglücklich.
„Wenn dieser Hajo wenigstens eine Tochter hätte. Aber so ein komischer Junge? Was soll man denn mit dem machen?“
Lottes Mutter und Niklas’ Vater spürten, dass es nicht so einfach werden würde, wie sie es sich gedacht hatten. Hajos Augen fragten: „Was machen wir, wenn sich die beiden nicht mögen?“
Ein bisschen ratlos schlug er vor:
„Lasst uns Monopoly spielen.“ Eigentlich spielte Niklas gerne Monopoly. Aber diesmal hatte er keine Lust. „Ich gehe ins Bett“, sagte er. Dann ging er die Treppe zu seinem Zimmer hinauf.
Niklas war so froh, dass er seinen Nintendo mitgenommen hatte.
Dann musste er sich wenigstens nicht langweilen.

„Ich bin auch müde“, meinte Lotte. Auch sie zog sich in ihr Zimmer zurück. Sie hatte Gott sei Dank die Idee gehabt, ein paar dicke Bücher einzupacken. Mit denen ließ sich dieser blöde Urlaub bestimmt ertragen. Lotte las bis spät in die Nacht. Nebenan im Zimmer konnte sie hören, wie Niklas mit seinem Nintendo spielte. Irgendwann löschte Lotte das Licht. Auch bei Niklas wurde es ruhig. Lotte lag ganz still da und blickte durch das Dachfenster über sich. Es war schon weit nach Mitternacht, aber immer noch war es nicht ganz dunkel. Lotte setzte sich auf und schaute aus dem Fenster. In einer warmen, gelben Farbe spiegelte sich das Mondlicht im See. Lotte musste daran denken, dass sie in diesem Haus so viele schöne Urlaube verbracht hatte.

Damals, als ihre Eltern noch zusammen gewesen waren, war sie in fast allen Ferien hier gewesen. Lotte war so oft mit ihrem Vater Boot gefahren oder gemeinsam mit ihm angeln gegangen. Ihre Mutter hatte ihr Schwimmen beigebracht. Aber jetzt hatte die Mutter einen neuen Freund und mit ihm war alles anders.

Auch Niklas lag im Bett und starrte durch das Dachfenster. So allein hatte er sich schon lange nicht mehr gefühlt.
Vor drei Jahren hatten sich seine Eltern getrennt und damit war alles anders geworden. Niklas war zu seinem Vater gezogen und dafür hatte er sogar die Stadt und die Schule gewechselt. Aber jetzt hatte sein Vater eine neue Partnerin gefunden, Ulrike Schaub. Sie war eigentlich ganz nett, aber sie hatte so eine komische Tochter.

„Warum ist das Leben bloß immer so schwierig?“, dachte er und seufzte tief.

Dann horchte er auf. Draußen auf der Terrasse war ein Geräusch zu hören.
Niklas setzte sich auf und lauschte. Ob das Einbrecher waren? In diesem Haus mitten im Wald war es wirklich verdammt unheimlich!
Leise öffnete Niklas seine Zimmertür und horchte, aber nun war alles still. Sein Vater und Ulrike schienen schon zu schlafen. Auch bei Lotte im Zimmer nebenan war es dunkel.
Niklas überlegte, was er tun sollte. Er zögerte, ging dann langsam auf die Treppe zu.
In dem Moment, als Niklas die Treppe hinunterschleichen wollte, öffnete sich die Tür vom Zimmer nebenan. Lotte stand im Türrahmen.
Mit ihrem hellblauen Schlafanzug und ohne Brille sah sie ganz anders aus.
„Hast du das auch gehört?“, flüsterte Niklas.
„Ich glaube, jemand sitzt auf der Terrasse.“
Lotte lächelte und winkte ab. „Waschbären!“, sagte sie, „Davon gibt es hier ganz viele.“

„Waschbären?“ Niklas konnte das gar nicht glauben. „Ich habe noch nie einen in echt gesehen“, gab er zu. Lotte lächelte immer noch. „Soll ich dir mal welche zeigen?“, flüsterte sie. „Sie sind total süß.“

Das ließ sich Niklas nicht zweimal sagen.

Dann aber fiel ihm etwas ein und er sah an sich herunter.

Er schlief doch immer in Boxershorts und T-Shirt.

„Ich zieh’ mich nur kurz an“, meinte er.

„Ich mich auch“, flüsterte Lotte. „Und meine Brille brauche ich auch.“

Gestalten am See

Leise öffnete Lotte die Terrassentür. Dann schlichen beide in die dunkle Nacht hinaus. Die Bäume rauschten im Sommerwind. Kurz darauf hörten Niklas und Lotte ein leises Knistern im Gebüsch. Waren das tatsächlich Waschbären?

„Komm mit", flüsterte Lotte. „Oft sind die Waschbären unten an den Müllcontainern."

Unsicher blieb Niklas in der Terrassentür stehen. „Wollen wir nicht Ulrike oder Papa Bescheid sagen?", fragte er.

Aber darauf hatte Lotte überhaupt keine Lust. Unbekümmert winkte sie ab.

„Ach, die beiden schlafen schon", meinte sie. „Wir sind doch gleich zurück."

Niklas zuckte die Achseln. Im Grunde hatte Lotte Recht. Die Eltern würden sich wahrscheinlich nur ärgern, wenn man sie weckte.

„Wenn du meinst", stimmte er zu.

Sie gingen gemeinsam den schmalen Waldweg entlang, der zum See führte. Hinter dem Parkplatz standen zwei große Müllcontainer, und daraus – Niklas konnte es kaum glauben – schauten zwei Waschbären. Sie wühlten begeistert in den Essenresten herum. Der eine hielt ein Stück Pizza in der Pfote, der andere biss genüsslich in einen Apfel. „Cool", flüsterte Niklas und schlich dichter an sie heran.
„Du musst gar nicht so leise sein", lachte Lotte. „Die sind richtig zahm."
Sie hatte Recht. Die Waschbären sahen nur kurz auf und musterten die beiden Kinder. Dann machten sie sich wieder über den Müll her.

Plötzlich aber waren andere Stimmen zu hören. Niklas und Lotte zuckten zusammen. Kam da jemand auf die beiden zu? „Ich wollte schon immer so ein Teil haben!“, sagte eine Mädchenstimme jetzt. „Voll krass, ey!“ Lotte und Niklas lauschten gespannt. Nun war eine Jungenstimme zu hören. „Die war ja so was von blöd“, sagte die Stimme und klang dabei ganz vergnügt. „Die hat noch nicht mal gemerkt, dass du es genommen hast.“ Immer näher kamen die Schritte nun. Den Waschbären wurde es offenbar doch zu laut. Mit lautem Kreischen sprangen sie aus den Containern und rannten davon. „Wer ist da?“, rief das Mädchen und klang ziemlich erschrocken. „Keine Panik“, lachte der Junge. „Das sind nur Waschbären.“ So schnell Lotte konnte, fasste sie Niklas an den Arm und zeigte auf die Container. Niklas verstand.

Schnell sprangen die beiden hinter die Müllcontainer, duckten sich und lugten vorsichtig um die Ecke.
Jetzt hatten sie die Jugendlichen genau vor sich und verfolgten sie mit den Augen.
Das Mädchen war mittelgroß und sehr dünn. Sie hatte ein blasses Gesicht und eine spitze Nase. Mit ihren halblangen, blauen Haaren sah sie ziemlich auffällig aus.
Der Junge überragte sie um einen Kopf. Er hatte kurze schwarze Haare und sah sehr kräftig aus.
Beide schauten gespannt auf ein Handy, das das Mädchen in der Hand hielt. Dann bogen sie in einen schmalen Weg ein, der bergab führte.
Lotte und Niklas warteten so lange, bis die beiden hinter der Kurve nicht mehr zu sehen waren.
„Los, hinterher“, flüsterte Lotte Niklas zu.
Sie war sich ganz sicher, dass diese beiden Jugendlichen etwas auf dem Kerbholz hatten.
Unbedingt wollte sie herausfinden, was das war.

Doch Niklas war das alles nicht ganz geheuer. Überhaupt hatte er bei der Aktion ein schlechtes Gefühl. Unruhig sah er Lotte an.
„Meinst du? Wohin führt denn der Weg?“
„Keine Angst, ich kenne hier jeden Baum“, beruhigte ihn Lotte. „Die beiden gehen an den See. Da gibt es einen kleinen Badestrand mit Bänken und einer Grillhütte. Wir können sie da gut beobachten. Komm mit! Es kann doch nichts passieren.“ „Okay“, stimmte Niklas zu. Eigentlich gefiel ihm das Abenteuer. Überhaupt war er überrascht, wie mutig Lotte war. Alle Achtung! Das hätte er ihr gar nicht zugetraut.
„Ich kenne sogar einen Schleichweg“, flüsterte Lotte ihm zu. „Da sieht uns garantiert keiner.“
Sie wartete Niklas Einwand gar nicht ab, sondern flitzte sofort los. So schnell er konnte, rannte Niklas hinter Lotte her. Er hatte richtig Mühe, sie nicht aus den Augen zu verlieren.

Lotte hatte richtig vermutet: Die beiden Jugendlichen saßen auf der Bank am See und redeten leise miteinander. Das blauhaarige Mädchen hielt das Handy in der Hand.
Der Junge beugte sich zu ihr hinüber.
Lotte drehte sich zu Niklas um und zeigte auf ein paar Sträucher mit langen, herunterhängenden Ästen. Hier konnte man sich gut verstecken.
Leise krochen die beiden zu den Sträuchern hinüber und duckten sich darunter, sodass sie nicht zu erkennen waren.
Es gelang ihnen, sich so dicht an die Jugendlichen heranzuschleichen, dass sie ihr Gespräch belauschen konnten.
„Mist. Ich muss einen Code eingeben. Ich kenne den Code doch nicht“, fluchte das Mädchen mit den blauen Haaren. Ihre Stimme klang wütend.
„Dann kann ich das Handy ja gleich wegwerfen.“

„Warte“, meinte der Junge. „Probier doch erst mal aus. Oft ist das was ganz Einfaches.“

„Was soll ich denn ausprobieren?“ Die Stimme des Mädchens klang immer noch total genervt.

Der Junge überlegte. „Probier mal 1-2-3-4!“

Seufzend tippte das Mädchen die Zahlen in das Handy. „Geht nicht!“

„Dann versuch 4-4-4-4! Das nehmen auch viele. Ist so bequem, weißt du“, erklärte der Junge.

Wieder seufzte das Mädchen, tippte dann aber die Nummer ein.

„Geht auch nicht!“ Ihre Stimme klang ungeduldig.

Lotte und Niklas standen dicht aneinandergedrängt und lauschten aufgeregt. Was passierte da eigentlich?

„Warte!“ Jetzt zog der Junge sein eigenes Handy aus der Tasche.

„Die ist doch bei Facebook, oder? Wie heißt die noch? Die hat doch so einen komischen Namen.“

„Aurelia Puri oder so“, erwiderte die Blauhaarige. Der Junge tippte nun in seinem Handy herum. „Aurelia Puri“, murmelte er leise. Dann lachte er. „Hier ist sie! Und ihr Geburtstag steht auch drin: 23.11.“ Seine Stimme klang fast schon stolz. „Versuch mal die 2-3-1-1!“

Wieder tippte die Blauhaarige in ihrem Handy herum. Dann stieß sie einen quietschenden, hellen Schrei aus! „Das geht!“, rief sie. „Ich bin drin! Ich glaub's nicht!“ Sie beugte sich zu dem Jungen hinüber und gab ihm einen Kuss auf die Wange. „Oh Homie, du bist ja voll der Checker!“

Der Junge lachte.

„Kein Ding“, winkte er großmütig ab. „Die meisten nehmen solche Sachen wie das Geburtsdatum oder so.“ Er schien wirklich den großen Durchblick zu haben, staunten Lotte und Niklas.

„Hast du es jetzt?“, fragte er noch einmal nach.

„Ich hab's“, bestätigte die Blauhaarige zufrieden. „Jetzt können wir damit auch ins Netz.“

„Alles klar. Aber ich muss nach Hause.“
Der Junge stand auf, drehte sich dann zu dem Mädchen um. „Treffen wir uns morgen?“
„Elf Uhr hier.“ Die Blauhaarige lachte.
„Diese Nacht wird jedenfalls spannend. Ich such’ noch mal weiter.“
„Viel Glück!“, meinte der Junge.
„Dir auch, Homie!“
Jetzt klatschten sich die beiden ab, wie Sportler das machen. Dann stand auch das Mädchen auf.

Der Junge wählte den Weg links um den See. Die Blauhaarige ging den Weg zurück, den sie gekommen waren. Beide winkten einander noch kurz zum Abschied zu.
Lotte und Niklas warteten, bis die Luft rein war. Dann nahmen sie den Weg durch das Ufergras, der zum Ferienhaus führte.
Beide schwiegen zunächst, während sie zum Haus zurückschlenderten. Niklas fand als Erster die Sprache wieder:
„Was hat das alles zu bedeuten?“, fragte er leise. „Meinst du, die haben das Handy geklaut?“
„Bestimmt“, erwiderte Lotte. „Aber was machen sie damit?“ fragte sie leise und mehr zu sich selbst.
Beide schwiegen wieder, bis das Haus in Sicht kam. „Wir müssen es unbedingt rausfinden!“, flüsterte Niklas schließlich. Lotte lächelte und nickte.
Wer hätte gedacht, dass die Ferien doch noch so spannend werden könnten …

Im Strandbad

Es war wirklich aufregend, ein gemeinsames Geheimnis zu haben. Als sich Lotte und Niklas am nächsten Morgen im Wohnzimmer zum Frühstück trafen, zwinkerte Niklas zu Lotte hinüber. Ganz kurz nur. Da musste Lotte furchtbar lachen.

Verwundert sah ihre Mutter sie an. „Ihr scheint ja heute gute Laune zu haben“, freute sie sich.

„Die haben wir“, sagte Niklas schelmisch und Lotte musste schon wieder lachen.

„Was machen wir heute? Habt ihr eine Idee?“, fragte Frau Schaub. „Schwimmen!“, „Im Strandbad!“, riefen Niklas und Lotte fast gleichzeitig.

Hajo und Ulrike warfen sich einen überraschten Blick zu. So viel Einigkeit hätten sie ihren Kindern nach dem zögerlichen Kennenlernen gestern gar nicht zugetraut. Sie freuten sich aber sehr darüber. „Haben wir irgendetwas verpasst?“, schienen die Eltern sich mit Blicken zu fragen.

Als Hajo, Ulrike, Niklas und Lotte am Strandbad eintrafen, herrschte dort schon ein munteres Treiben. Kinder spielten auf dem Spielplatz, andere planschten im Wasser herum oder saßen auf den Bänken im Café.
Die vier ließen die Blicke über das schöne, weitläufige Gelände schweifen, als Niklas plötzlich stehen blieb. Er entdeckte die zwei eine Sekunde vor Lotte. Schnell knuffte er Lotte an und machte eine Kopfbewegung zu einer Decke in Sichtweite. Tatsächlich! Da saßen die Blauhaarige und ihr „Homie" auf einer Decke und starrten schon wieder auf das Handy des Mädchens.
„Wo wollen wir uns denn hin…", begann Ulrike, aber Lotte unterbrach sie sofort: „Niklas und ich legen uns da drüben hin!", während sie Niklas schon kräftig am Arm zog. „Ihr könnt euch gerne ins Café setzen, wenn ihr wollt."
„Oder eine Runde um den See spazieren", ergänzte Niklas, ließ die Erwachsenen verblüfft stehen und versuchte, mit Lotte Schritt zu halten.

Ulrike und Hajo sahen sich überrascht an und schüttelten den Kopf. Das hörte sich nicht gerade nach einem gemeinsamen Urlaub an. Gestern redeten die zwei Kinder kaum ein Wort miteinander und heute verstanden sie sich fast schon blind? Irgendetwas schien sich über Nacht verändert zu haben. Aber was?

„Weißt du was, Ulrike?“, meinte Hajo,
„Ich glaube, die wollen uns gar nicht dabeihaben.“
„Ja, sieht ganz so aus!“ Ulrike wirkte jetzt doch ein bisschen gekränkt.

Doch Hajo hakte sich bei ihr ein. „Darf ich dich auf einen Milchkaffee einladen?“, fragte er versöhnlich. Ulrike lächelte und nickte. Eigentlich konnte sie doch froh sein. Sie hatte sich so sehr gewünscht, dass ihre Kinder so gut miteinander auskamen. Und gestern hatte es ja zunächst nicht gerade gut ausgesehen. Arm in Arm gingen beide zum Café hinüber. Niklas und Lotte breiteten ihre Decke direkt hinter den beiden Jugendlichen aus. Dabei versuchten sie, so unauffällig wie möglich zu bleiben. Sie zogen sich bis auf die Badesachen aus und legten sich in die Sonne. Dann horchten sie gespannt, was die beiden zu erzählen hatten. „Hat er geantwortet?“, fragte dieser Homie. Die Blauhaarige kicherte. „Ja, jetzt. ‚Wohne auch in Kassel‘, schreibt er.“ Sie kicherte und auch ihr Homie prustete vor Lachen. „Und jetzt? Versuchst du wieder diesen alten Trick und schreibst ihm: ‚Ich komme demnächst in deine Klasse‘?“

Das Mädchen lachte schadenfroh. „Gute Idee“, meinte sie. „Das klappt fast immer.“

Immer noch lagen Niklas und Lotte ganz still da und lauschten. Was hatte das alles zu bedeuten? Lotte richtete sich vorsichtig auf, wühlte in ihrem Rucksack herum und schielte dabei zu den Jugendlichen hinüber.

Nun setzte sich auch Niklas auf und warf dabei ebenfalls einen Blick zur Nachbardecke.

„Suchst du die Sonnencreme?“, fragte er Lotte und tat dabei ganz harmlos.

Aber die beiden Jugendlichen achteten sowieso nicht auf die Kinder. Sie waren viel zu sehr mit dem Handy beschäftigt.

„Da!“, schrie die Blauhaarige jetzt laut. „Der ist ja echt soooo doof! Der hat jedes Wort geglaubt!“ Sie fasste sich an den Kopf und schüttelte sich vor Lachen.

„Schrei nicht so“, ermahnte sie der Junge. Er sah kurz zu Lotte und Niklas hinüber, doch die setzten sofort ihr harmlosestes Gesicht auf. Niklas schaute in eine andere Richtung, Lotte verteilte konzentriert die Sonnenmilch auf ihrem Körper.

„Hier! Lies mal, was er schreibt!“ Die Blauhaarige sprach jetzt deutlich leiser. Lotte und Niklas bewegten sich nicht mehr. Sie mussten sich anstrengen, um alles zu verstehen.
„Gehe auch auf die Hauptschule Süd“, las das Mädchen vor. „Bin in Klasse 7.“
Der Homie schlug sich auf die Oberschenkel. „Der hat angebissen!“ lachte er. „Jetzt lass ihn in die Falle tappen.“

Das blauhaarige Mädchen hatte ihren Kopf schräg zur Seite gelegt. Ihre Finger flogen nur so über das Display.

„Was schreibst du?", wollte der Junge wissen.

„Also, ich habe geschrieben: ‚Wie genial ist das denn? Dann komme ich ja in eure Klasse'."

Lotte bemerkte das hämische Grinsen der Blauhaarigen, verstand aber immer noch nicht wirklich, worum es ging.

„Und jetzt verabredest du dich mit ihm und dann …" Der Junge schien das furchtbar lustig zu finden, denn er lachte schallend.

Auch das Mädchen bog sich nun vor Lachen. Aber wirklich lustig hörte es sich nicht an – eher böse und gemein. Worüber redeten die beiden bloß?

Doch Niklas schien auf einmal mehr zu verstehen. Er nickte unmerklich, stand auf und zwinkerte Lotte zu. „Ich gehe mal schwimmen. Kommst du mit?"

„Klar!", sagte sie, stand schnell auf und folgte ihm. Wahrscheinlich hatte Niklas eine Vermutung …

Als sie an der Decke der Jugendlichen vorbeikamen, warf Niklas einen Blick auf das Handy. Er konnte das Display genau erkennen. Die beiden waren auf Facebook!
Schnell lief Niklas hinter Lotte her zum See. Lotte watete vorsichtig ins Wasser. Es war ziemlich kalt. Als sie mit den Knien im Wasser stand, drehte sie sich um wartete auf Niklas. „Die sind im Internet“, berichtete er. „Bei Facebook.“
Lotte hatte schon von Facebook gehört, denn einige aus ihrer Klasse waren dort.

Sie wusste, dass man sich dort im Internet treffen und miteinander chatten konnte. Das hatte sie aber noch nie gemacht.
„Papa ist auch bei Facebook“, erzählte ihr Niklas. „Ich darf manchmal auch was schreiben. Meiner Mama zum Beispiel. Die ist nämlich auch bei Facebook.“ Das fand Lotte total spannend. Ihre Mutter allerdings regte sich oft auf, wenn sie hörte, dass andere Kinder bei Facebook waren. Sie hielt gar nichts davon. Überhaupt saß ihre Mutter nicht viel am Computer und konnte Lotte wenig zeigen. Darüber ärgerte sie sich oft. Ihrer Meinung nach war sie deswegen in der Schule oft im Nachteil. In ihrer Klasse gab es so viele Computerfreaks, die sich richtig gut auskannten. Lotte dagegen hatte oft schon Probleme mit einer einfachen Internetsuche.
„Wir können mit Papas Computer ins Internet gehen und diese Blauhaarige suchen“, überlegte Niklas. „Ich weiß, wie man das macht.“
„Aber meinst du, Hajo erlaubt uns das?“, fragte sie. Niklas winkte ab und grinste. „Er muss ja nicht alles wissen“.

Die Internetsuche

Am Nachmittag ergab sich für Lotte und Niklas die perfekte Gelegenheit, alleine im Ferienhaus zu bleiben. Ulrike und Hajo wollten nämlich eine Wanderung machen und das war natürlich nichts für die Kinder. „Laaangweilig!", riefen sie beide. Ulrike und Hajo waren ein bisschen enttäuscht. Aber sie hatten das schon erwartet. So schnürten die Erwachsenen ihre Wanderschuhe und gingen alleine los.

„Sie sind weg!", rief Lotte aufgeregt, als die beiden über den Weg zum See außer Sichtweite waren. „Also los!", sagte Niklas unternehmungslustig. Vorsichtig zog Niklas den Laptop seines Vaters aus der Hülle und öffnete ihn. Lotte sah ihm bewundernd zu, wie er das Netzkabel und die Maus einstöpselte. Dann zog er noch einen kleinen, weißen Stab aus der Tasche und steckte ihn in einen Anschluss an der Seite. „Das ist Papas Surf-Stick!", erklärte Niklas stolz. „Damit können wir sogar hier im Wald ins Internet gehen."

Es dauerte eine Weile, bis der Laptop hochgefahren und die Internetverbindung aktiv war.

Lotte starrte ratlos auf den Monitor.

„Und jetzt?“, wollte sie wissen. „Jetzt müssen wir uns bei Facebook einloggen“, sagte Niklas. „Das hab’ ich bei Papa schon oft gesehen.“

Er klickte auf ein rundes, rot-blaues Symbol auf dem Bildschirm. „Das ist ein Internet-Browser“, erklärte Niklas. „Den brauchen wir, um Internetseiten öffnen zu können.“

Lotte hatte Mühe, dem schnellen Mauszeiger zu folgen. Niklas wählte das Menü „Lesezeichen“ und da sah Lotte das kleine, blaue Bildchen mit dem „f“. „Da, das ist das Facebook-Symbol!“, rief sie aufgeregt. „Das hab’ ich schon mal gesehen!“

Niklas wanderte mit dem Mauszeiger auf das „f“ und klickte darauf.

Die Facebook-Startseite öffnete sich. Niklas gab schnell Papas E-Mail-Adresse und das Passwort ein. Lotte schaute ihn immer verblüffter an.

„Ich hab’ Papa mal über die Schulter geguckt“, sagte Niklas grinsend.

„Wir sind drin!“. Links oben in der Ecke stand ‚Hajo Wegener‘. Niklas klickte darauf. Die persönliche Facebook-Seite von Hajo erschien. Darauf war ein hellgraues Schattenbild von einem Kopf zu sehen. Das sah irgendwie unheimlich aus.

„Das ist Papa“, erklärte Niklas. „Er hat noch nicht mal ein Foto von sich hochgeladen … deswegen ist da so ein Schattenmann abgebildet. Und guck mal!“ Niklas klickte weiter auf ein Symbol mit zwei Köpfen. „Hier ist seine Freundesliste. Er hat 73 Facebook-Freunde.“

Langsam und konzentriert fuhr Niklas mit dem Mauszeiger über die Seite und klickte verschiedene Personen an. „Hier, Anne Wegener, das ist meine Mutter“, erklärte er. „Und die hier, Sonja Wegener, ist meine Tante.“

„Aber wieso sagst du dann Freunde dazu?“, wunderte sie sich. „Das ist doch deine Familie.“

„Bei Facebook sind alle Bekannten automatisch Freunde. Das sagt man bei Facebook so“, erklärte Niklas. „Papa sagt, dass das nicht immer bedeutet, dass man auch im echten Leben befreundet ist.“ Lotte schaute interessiert auf all die Fotos. Eigentlich verstand sie gar nicht, was ihre Mutter gegen Facebook hatte. „Wie sollen wir denn hier eine Blauhaarige finden?“, fragte sie.

„Man kann da in dem Suchfeld einen Namen eingeben und jemanden suchen“, erklärte Niklas und zeigte mit dem Mauszeiger auf ein leeres Feld oben auf der Seite.

„Aber wir wissen doch gar nicht, wie sie heißt“, rief Lotte unglücklich.

Lotte fühlte sich plötzlich nicht mehr wohl. Ihre Mutter würde bestimmt nicht wollen, dass sie auf Facebook surfte – noch dazu mit dem Profil von Niklas' Papa, der nichts davon wusste. Aber warum genau ihre Mutter Facebook nicht mochte, hatte sie nie richtig erklärt.

„Mach den Laptop wieder zu, ja?“, drängte sie.

„Warte mal“, fiel Niklas plötzlich ein. „Weißt du noch, gestern Nacht am See? Da hat die Blauhaarige versucht, das Handy einzuschalten. Und dann haben sie bei Facebook einen Namen gesucht.“

„Stimmt.“ Lotte dachte nach. „Aurelia irgendwas.“

„Turi oder Kuri oder so“, erinnerte sich auch Niklas.

„Aurelia Puri“, fiel es Lotte wieder ein. „Ich kann mich erinnern.“ Niklas überlegte: „Wollen wir den Namen mal suchen?“

„Na gut“, meinte Lotte. Im Grunde war sie auch sehr gespannt, was dabei herauskommen würde.

Langsam tippte Niklas den Namen „Aurelia Puri“ in das Suchfeld. Beim Schreiben war er deutlich langsamer als beim Surfen.
Es wurden drei Aurelia Puris angezeigt. Eine wohnte in Italien, eine andere sah schon sehr alt aus. „Nimm die da“, meinte Lotte. Sie zeigte auf ein Mädchen mit schwarzen, kurzen Haaren und braunen Augen. Sie hatte ein freundliches Gesicht. Niklas klickte das Mädchen an.
Ein größeres Foto des Mädchens war zu sehen. Sie saß in einer Blumenwiese und hielt eine Katze im Arm.

„Sie wohnt in Kassel“, fiel Lotte sofort auf. „Und sie geht zur Schule.“

„Vielleicht finden wir die Blauhaarige unter ihren Freunden?“ fiel Niklas ein. „Oder Homie, den Checker“, kicherte Lotte. Sie gingen Aurelias Freundesliste durch und betrachteten ein Foto nach dem anderen. Aber die beiden Jugendlichen vom See erkannten sie nicht darunter. „Ob diese Aurelia überhaupt mit ihrem richtigen Namen bei Facebook angemeldet ist?“, überlegte Niklas. Er war nun auch unsicher, ob diese Aktion überhaupt Sinn machte. Während Niklas noch die Freundesliste herunterscrollte, fiel Lotte auf einmal ein seltsamer Name auf: „Guck mal. Eine Freundin heißt Lolly_blu! Und ‚blue‘ heißt doch ‚blau‘, oder?“

„Stimmt.“

Niklas klickte das Foto an. Es vergrößerte sich. Beide beugten sich nun ganz dicht an den Monitor und starrten das Foto an.

Wer war dieses Mädchen?

Sie hatte blonde Haare und blaue Augen.

„Das ist sie nicht“, meinte Lotte. „Aber man kann auch ein falsches Foto reinsetzen“, wusste Niklas. „Das machen doch ganz viele. Mal gucken, was diese Lolly_blu über sich schreibt.“ Da stand nur ein Satz: „Ich suche neue Freunde in Kassel“. Niklas und Lotte starrten auf den Bildschirm. „Ich glaube, wir haben sie“, meinte Niklas. „Bist du sicher?“, fragte Lotte skeptisch. „Das könnte doch irgendjemand sein. Und was machen wir jetzt?“

„Ist doch klar: Jetzt schicke ich ihr eine Freundschafts-Einladung“, erklärte Niklas, als ob das ganz logisch und selbstverständlich wäre. „Aber …“, rief Lotte entsetzt. „Du kannst doch nicht einfach …“ Doch Niklas winkte ab und klickte auf das Feld: „Freundin hinzufügen“. Lotte war das total unheimlich. „Und wie geht’s jetzt weiter?“ wollte sie wissen. „Tja, jetzt können wir nur warten, bis diese Lolly_blu mich bestätigt, wenn sie überhaupt …“

Aber da blinkte es schon auf dem Bildschirm.

Auf dem Freunde-Symbol tauchte eine 1 auf. „Lolly_blu hat deine Freundschafts-Anfrage bestätigt.“, stand da. Das war ja einfach. Lotte ging das alles ein bisschen zu schnell.

„Und jetzt?“, flüsterte sie entsetzt. „Jetzt ist sie meine Freundin“, grinste Niklas. Dann fiel ihm ein, dass das nicht ganz richtig war. „Das heißt, eigentlich ist sie Papas Freundin“, fügte er mit schlechtem Gewissen hinzu. Immer noch schauten beide fasziniert auf den Monitor. Plötzlich tauchte eine Schrift in einem kleinen Kästchen auf. „Hallo“, stand da. Niklas und Lotte starrten auf den Text. Lotte lief ein Schauer über den Rücken. „Hee, bist du on?“ fragte die Schrift. Lotte fand als Erste die Sprache wieder. „Was bedeutet das?“, fragte sie und tippte auf das Display. „Wieso redet die mit uns?“

„Die chattet“, erklärte Niklas. „Die kann sehen, dass wir im Internet sind. Und jetzt will sie mit uns reden.“

Das war zu viel für Lotte. Sie bekam es plötzlich mit der Angst zu tun.

„Aber ich will nicht mit der reden!“, rief sie entsetzt. „Bitte, Niklas, mach den Computer wieder aus! Das ist doch ganz schrecklich.“

Auch Niklas war unsicher. „Schreib doch mal was!“, forderte ihn die Schrift auf.

Lotte schüttelte energisch den Kopf.
„Ach, Lotte!“, verteidigte sich Niklas. „Die kann uns doch überhaupt nichts tun. Die sitzt doch irgendwo am See und tippt in ihr Handy. Los, wir schreiben ihr etwas. Vielleicht kriegen wir etwas über sie raus.“
Lotte hatte immer noch schreckliche Angst. Aber wenn sie ehrlich war, musste sie Niklas Recht geben. Die Jugendlichen waren weit weg und konnten ihnen nichts tun. Aber vielleicht konnten sie und Niklas etwas über Lolly_blu herausfinden.
„Wohnst du in Kassel?“, fragte Lolly_blu.
„Ja“, schrieb Niklas zurück.
„In welche Schule gehst du?“, fragte sie weiter.
Niklas sah Lotte an und zwinkerte mit den Augen.
„Der alte Trick“, flüsterte Lotte.
„Was schreiben wir?“, wollte Niklas wissen.
„Hauptschule Süd“, schlug Lotte vor. Das hatten die Jugendlichen damals auch geschrieben. Schnell half sie Niklas, die Buchstaben auf der Tastatur zu finden.

„Wie toll ist das denn?“, schrieb Lolly_blu zurück. Lotte kam das Ganze verdächtig vor. Sie hatte plötzlich so eine Vorahnung.

„Pass auf! Gleich schreibt sie, dass sie im Sommer auch auf die Schule kommt“, sagte Lotte voraus. Und tatsächlich! In diesem Moment erschien die Nachricht: „Ich gehe nach den Sommerferien auch auf die Hauptschule Süd“. Lotte und Niklas wurden total aufgeregt. Das war ja wirklich ein verlogenes Spiel.

„In welcher Klasse bist du?“ wollte Lolly_blu wissen.

Bevor Niklas zurückschreiben konnte, rief Lotte: „Warte! Ich hab' eine Idee, wie wir Lolly_blu auffliegen lassen können. Schreib, du bist in der 6.“

Niklas nickte. „In der 6.“, schrieb er.

Nach ein paar Sekunden kam schon die Antwort: „Das ist der Wahnsinn. Ich komme auch in die 6. Klasse. Wollen wir uns nicht vorher mal treffen? Dann kannst du mir von deiner Schule erzählen.“

Lotte und Niklas starrten einander an. Das war wirklich unglaublich. Diese Blauhaarige schien ihren Trick mit allen möglichen Schülern durchzuziehen, die sich neue Freunde in Kassel wünschten.
Vor einem Tag noch hatte diese Lolly_blu geschrieben, sie ginge in die 7. Klasse.
Dieses Mädchen log wie der Teufel. Aber warum?
„Ich verabrede mich mit ihr“, überlegte Niklas.
„Dann kriegen wir raus, was die beiden machen.“
„Nein, Niklas, bitte mach das nicht“, rief Lotte entsetzt. Ihr war wirklich unwohl bei der Sache.
„Wenn die rausbekommen, dass wir ihnen nachspionieren …“
Aber Niklas hatte einen anderen Plan.
„Krieg dich wieder ein!“, beruhigte er sie lachend.
„Wir treffen uns doch nicht wirklich mit denen.
Wir gehen mit Papa und Ulrike am Treffpunkt vorbei und gucken, ob sie da stehen.“

„Und vielleicht kriegen wir dann raus, warum die beiden solche Lügengeschichten erzählen.“

„Na gut“, stimmte Lotte schließlich zu. Aber wohl war ihr dabei nicht.

„Wollen wir uns morgen um fünf Uhr am Busbahnhof treffen?“, war nun wieder von Lolly_blu zu lesen.

Niklas sah Lotte an. Die nickte zustimmend. Was immer Niklas vorhatte – sie war dabei!

„Gute Idee“, schrieb Niklas zurück.

Jetzt mussten die zwei sich nur noch überlegen, wie sie ihre Eltern zu einem Abstecher zum Busbahnhof in Kassel überreden konnten …

Das Treffen am Busbahnhof

„Wollen wir heute mal einen Stadtbummel machen?“, fragte Lotte am nächsten Tag und bemühte sich dabei, ein freudiges Gesicht aufzusetzen. „Man kann in Kassel unheimlich gut einkaufen.“ Dabei hasste sie Einkaufsbummel total und ihre Mutter wusste das natürlich.
„Wie toll! Ich bin dabei!“, rief Niklas, der in Wirklichkeit auch keine Einkaufsbummel ausstehen konnte. „Gute Idee!“ Ulrike und Hajo hatten so einen Vorschlag überhaupt nicht erwartet, freuten sich aber. Lotte und Niklas sahen sich kurz an und grinsten. Die Eltern bemerkten wieder nichts von ihrem Plan. Und so fuhren die vier am Nachmittag nach Kassel und bummelten durch die Fußgängerzone.
Geschickt lotsten Niklas und Lotte ihre Eltern durch die Stadt von Geschäft zu Geschäft. Schließlich wollten sie kurz vor fünf in der Nähe des Busbahnhofs sein. Immer wieder warfen die zwei einen Blick auf die Uhr.

Es war nun 16.50 Uhr. Gleich würde Lolly_blu am Busbahnhof stehen – falls sie tatsächlich kam …
„Können wir mal auf die andere Straßenseite gehen?“, schlug Niklas vor. „Ich glaube, da war ein gutes Schuhgeschäft.“
Das gab es tatsächlich. Und neben dem Schuhgeschäft lag der große Busbahnhof.
„Oh ja, Schuhe!“, rief Lotte begeistert. „Ich brauche unbedingt neue Sandalen.“
„Aber du hast doch schon …“, begann Ulrike, doch Lotte zog Niklas schon über die Straße.

Ulrike runzelte die Stirn. Ihr kam die Sache wirklich merkwürdig vor. Was war denn nun wieder mit Lotte und Niklas los? Sie hassten doch nichts mehr, als Schuhe zu kaufen. Doch da standen Lotte und Niklas auch schon am Wühltisch vor der Tür und suchten in den Sandalen herum, zogen mal diesen und mal jenen Schuh heraus.

Jetzt betrachtete auch Hajo das Schaufenster interessierter. „Die haben hier wirklich gute Schuhe!“, stellte er fest. „Ulrike, kommst du mal? Ich brauche auch neue Schuhe.“

„Klar!“, erwiderte Ulrike. Dann gingen die Eltern tatsächlich ins Schuhgeschäft und ließen Niklas und Lotte draußen stehen. Was für ein Glück. Die beiden konnten es kaum glauben.

Hajo und Ulrike drehten sich nicht einmal mehr um. Sonst hätten sie bemerkt, dass ihre Kinder gar nicht an den Schuhen interessiert waren, sondern die ganze Zeit über nur die Bushaltestellen anstarrten, auf der Suche nach einem blauen Haarschopf.

„Da drüben steht die mit den blauen Haaren“, wisperte Lotte Niklas zu. „Siehst du sie? Neben der Laterne.“ Tatsächlich! Nun hatte auch Niklas sie gesehen. Beide wurden ganz aufgeregt.
„Und wo ist Homie?“, wollte Niklas wissen.
Lotte ging ein paar Schritte die Straße hinunter, kam dann zurück und grinste.
„Er steht ein paar Meter weiter weg“, sagte sie.
„Man sieht ihn nur von hinten. Er guckt immer wieder zu Lolly_blu rüber und sucht dann wieder die Gegend ab.“

Das war schon merkwürdig. „Was planen die beiden wohl?“, grübelte Lotte. Auch Niklas ließ das keine Ruhe. „Weißt du was?“, schlug er vor. „Ich gehe einfach mal zu dieser Blauhaarigen rüber. Dann wissen wir es.“
Doch da geriet Lotte in Panik. „Nein!“, rief sie entsetzt. „Wenn du das machst, schreie ich. Die tun dir bestimmt was.“ „Aber sonst kriegen wir es doch nie raus!“, meinte Niklas. Ihn hatte nun richtig die Abenteuerlust gepackt.
„Die kennt mich doch gar nicht“, versuchte er, Lotte zu beruhigen. „Außerdem, was können die beiden uns schon tun? Glaubst du, die verkloppen uns hier vor allen Leuten?“
Gott sei Dank kamen Hajo und Ulrike in diesem Moment lachend aus dem Schuhgeschäft. Hajo trug tatsächlich einen Schuhkarton unter dem Arm. „Das war ein guter Kauf“, freute er sich. „Und jetzt gehen wir zusammen Eis essen.“

Gott sei Dank! Lotte war unglaublich erleichtert über den Vorschlag. Eis essen war mit Sicherheit die bessere Idee, als Streit mit diesen blöden Jugendlichen zu suchen. Wer weiß, wie die beiden reagiert hätten, wenn sie gemerkt hätten, dass sie beobachtet werden.

Doch Niklas knirschte mit den Zähnen und drehte sich noch einmal zu Lolly_blu um.

„Ich erwische dich noch!“, murmelte er leise.

Er hätte das gerne heute erledigt …

Die Insel des Schreckens

Es war ein wunderschöner Morgen. Die Sonne schien schon warm, die Vögel zwitscherten. Ulrike, Hajo, Niklas und Lotte saßen beim Frühstück auf der Terrasse mit Blick auf den See und ließen sich die Sonne ins Gesicht scheinen.
„Das ist Urlaub“, sagte Ulrike.
„Einfach wunderschön“, meinte auch Hajo.
„Ja, wirklich“, stimmte Niklas schläfrig zu.
Lotte blinzelte, dann riss sie ihre Augen weit auf. Waren das nicht …? Schnell trat sie gegen Niklas’ Bein und machte eine Kopfbewegung zum See hinüber.
Vorsichtig drehte Niklas sich um. Dann sah er sie auch: Lolly_blu und ihr Homie standen neben einem Ruderboot am Strand. Der Junge hatte einen großen Rucksack dabei. Jetzt ließen sie das Ruderboot ins Wasser und stiegen ein. Homie ruderte los, Lolly_blu setzte sich ihm gegenüber. Unruhig blickte Niklas zu Lotte hinüber. Was hatten die beiden nun wieder vor?

Lotte reagierte schnell. „Oh, ich hätte Lust auf Kanufahren“, rief sie. „Kanufahren?“ Niklas verstand sofort. „Das ist ja eine geniale Idee.“ Lotte sprang auf. „Dürfen wir, Mama? Ich verspreche dir, wir ziehen auch die Schwimmwesten an.“ Die beiden zwinkerten sich zu. Dann sprangen sie auf.

Doch Hajo sah ganz erschrocken aus. „Was, ihr zwei ganz alleine? Ihr könntet kentern oder ins Wasser fallen!“

„Mann, Papa, ich hab’ das Goldene Schwimmabzeichen“, regte sich Niklas auf.

Ulrike legte ein verständnisvolles Gesicht auf und nahm die Hand ihres Freundes.

„Hajo!“, meinte sie. „Lotte fährt seit Jahren Kanu. Sie ist auch schon mal gekentert. Aber das ist doch nicht schlimm. Sie haben außerdem Schwimmwesten an.“

Hajo konnte selbst nicht Kanu fahren. Er war auch kein besonders guter Schwimmer. Aber gegen die anderen drei kam er nicht an. „Wir dürfen also?“, rief Lotte. Sie wartete das Ja der Eltern gar nicht mehr ab. Fröhlich küsste sie ihre Mutter auf die Wange, boxte Hajo in den Arm und rannte los.

Niklas folgte ihr, so schnell er konnte. „Nehmt das Handy mit!“, schrie Hajo noch hinter ihnen her.

„Los, paddel schneller, sonst holen wir sie nie ein!“, rief Lotte. Lolly_blu und ihr Homie waren schon außer Sichtweite. Niklas konnte zwar nicht besonders gut paddeln, legte sich aber trotzdem ordentlich ins Zeug. Natürlich war er im Nu patschnass. Lotte saß hinten, paddelte und steuerte gleichzeitig und spielte außerdem noch den Kapitän: „Links, rechts, links, rechts!“, kommandierte sie. Damit verhinderte sie, dass sich das Kanu nur im Kreis drehte.
Das Kanu fuhr nun schneller über den See. Hinter der ersten Bucht hatten sie die beiden Jugendlichen wieder im Blick. Die ruderten mit ihrem alten Ruderboot auf eine Insel zu.
„Ah, die fahren zur Insel des Schreckens“, meinte Lotte. „Insel des Schreckens?“, sagte Niklas verwundert. „Warum heißt die so?“
Ihm wurde nun etwas mulmig.

„Papa hat sie so genannt", lachte Lotte. „Aber nur, weil er mir Angst machen wollte. Die Insel ist harmlos. Papa und ich haben da früher ‚Robinson' gespielt. Es gibt dort sogar eine alte Hütte."

Lolly_blu und Homie hatten in diesem Moment die Insel erreicht. Als ihr Boot im Sand aufsetzte, sprangen sie heraus und wateten die letzten Schritte ans Ufer. Dann zogen sie das Ruderboot an Land.

Lotte und Niklas beobachteten die Jugendlichen aus sicherer Entfernung. Dann kam Lotte eine Idee.

„Wir fahren um die Insel herum und gehen an der anderen Seite an Land“, schlug sie vor.

Niklas nickte. Er war jetzt schrecklich aufgeregt.

Sie paddelten jetzt fast lautlos, um nicht entdeckt zu werden. Als sie die gegenüberliegende Seite der Insel erreicht hatten, steuerte Lotte das Boot an Land. An dieser Stelle ragten die Büsche bis ins Wasser. „Kannst du hier aussteigen?“

„Klar!“

Niklas sprang aus dem Boot. Verdammt! Er hatte nicht damit gerechnet, dass es an dieser Stelle so tief war. Jetzt stand er bis zur Hüfte im Wasser.

„Mist!“ Niklas kletterte an Land und zog das Boot an eine flachere Stelle.

Jetzt stieg auch Lotte aus dem Boot.

„Bist du sehr nass geworden?“ fragte sie mitleidig und musterte seine nasse Hose.

„Nicht so schlimm“, winkte Niklas ab. „Ich habe die Badehose drunter.“ Plötzlich fiel ihm Hajos Handy wieder ein, das er ja eingesteckt hatte. Hektisch taste er seine Hostentaschen ab und zog es schließlich hervor. Das Gerät hatte sich ausgeschaltet und Wasser tropfte aus allen Ritzen. „So ein Mist!“, fluchte Niklas. „Papa wird mich umbringen!“ „Ach, das trocknet wieder“, tröstete ihn Lotte. „Das hatte ich auch mal. Wir legen es später in die Sonne. Dann funktioniert es wieder.“ Niklas zog seine nasse Hose aus und schleuderte sie wütend ins Boot.

Lotte ließ das Wasser von dem Handy abtropfen, dann steckte sie es in die Hosentasche. Anschließend band sie das Boot an einem Strauch fest. Niklas trat unruhig von einem Bein aufs andere. „Los! Lass uns gehen!“, drängte er. „Ich will sehen, was die anderen hier machen.“ Lotte nickte. Ihr war ganz schön unheimlich zumute. Auch Niklas sah angespannt aus. Sie schlugen den Weg zu der alten Hütte ein, der eher ein zugewachsener Trampelpfad geworden war. Brennnesseln streiften ihre Beine, Brombeersträucher wucherten über den Weg.
Einige Wespen umschwirrten sie. „Lass uns umkehren“, wollte Niklas gerade vorschlagen, als Lotte plötzlich stehen blieb und den Finger auf den Mund legte. Waren das Schritte und Stimmen? „Soll ich den Rucksack mal tragen?“, hörten sie nun deutlich eine Mädchenstimme.

„Nee, geht schon. Wir sind ja gleich da“, kam die Antwort. Lotte und Niklas blickten sich wissend an. Kein Zweifel, das waren Lolly_blu und Homie. Sie waren auch auf dem Weg zur Hütte, nur von der anderen Seite aus. Jeden Moment würden sie auf der kleinen Lichtung auftauchen. Lotte fasste Niklas am Arm und zog ihn hinter einen Strauch. Da traten die zwei Jungendlichen auch schon aus dem Waldweg heraus. Lolly_blu und Homie gingen direkt auf die Hütte zu, zerrten die Tür auf und verschwanden darin. Lotte und Niklas schlichen sich nun leise heran.

Die alte Hütte

Den beiden klopfte das Herz bis zum Hals. Plötzlich hörten sie ein knarrendes Geräusch. Schnell duckten sich Niklas und Lotte unter die Fensterbank. Da ging das klapprige Fenster über ihnen auch schon auf und Homies Kopf erschien. „Das war eine gute Beute“, lachte er. „Die Kleine hatte ein richtig teures Handy dabei.“ „Und 50 Euro im Geldbeutel!“ Auch Lolly_blu klang vergnügt. „Blöd, dass dieser Hajo gestern nicht gekommen ist. Aber für morgen habe ich gleich zwei andere Treffen klargemacht.“ Niklas und Lotte wagten kaum, zu atmen, und starrten sich an.
Das war es also! In ihre Angst und Aufregung mischte sich nun auch Wut. Lolly_blu und Homie suchten sich ihre Opfer im Internet – zum Beispiel auf Facebook.
Sie erzählten womöglich immer die gleichen Geschichten: Umzug nach Kassel, neu an der Schule, die Suche nach neuen Freunden.

Dann verabredeten sie sich mit den ahnungslosen Schülern. Vielleicht lockten sie sie an einen einsamen Ort? Und wenn sie mit ihnen alleine waren, nahmen sie ihnen alle Wertsachen ab. „Die ziehen jüngere Kinder ab – eiskalt!“, flüsterte Lotte. Sie hatte mal einen Film über solche Rowdys gesehen, die anderen Schülern massenhaft Handys und Geld klauten. Oft sogar mit Gewalt! Wie gut, dass sie gestern am Busbahnhof nicht entdeckt worden waren.

Die zwei hatten genug gehört. Lotte machte Niklas ein Zeichen Richtung Wald. „Los, zurück!“, hieß das. Vorsichtig kam Niklas aus der Hocke nach oben. Doch dann rumste es laut. Verdammt! Niklas war mit seinem Kopf an die Unterseite der Fensterbank gestoßen. „Was war das?“, rief Homie. Schon tauchten die beiden Jugendlichen am Fenster auf und schauten nach unten. „Das gibt es doch nicht!“, schnaubte Lolly_blu. „Was machen denn die kleinen Ratten hier?“ „Niklas, komm!“, schrie Lotte verzweifelt. Niklas brauchte eine Schrecksekunde lang, bis sich seine Beine in Bewegung setzten. Dann rannten sie los!
„Schnell! Hinterher!“, brüllte Homie.
„Die schnappen wir uns!“ Lotte und Niklas hetzten über die Insel. Äste knackten, Gras raschelte. „Verdammt, diese Brennnesseln!“, schrie Lotte.

Die beiden rannten, als wären die Wölfe hinter ihnen her. Hinter sich hörten sie Lolly_blu und Homie angestrengt schnaufen. Sie schienen ihre Verfolger tatsächlich etwas abzuhängen. Schon kam das Ufer in Sichtweite. „Wo ist das Kanu?“ Doch nur die rote Schnur hing noch am Strauch. „Da hinten!“, rief Niklas erschrocken. Er zeigte auf das Wasser. Ihr Kanu trieb alleine auf dem offenen See herum. „Oh nein! Was machen wir jetzt?“ „Mann, mach schneller!“, hörten sie Lolly_blu ihren Homie anpfeifen. „Die entwischen uns noch!“

„Los! Schwimmen!“, rief Lotte. „Dann kriegen sie uns!“, schrie Niklas. Natürlich hatte er Recht. So gute Schwimmer waren die beiden schließlich auch nicht. Die schnaufenden Jugendlichen kamen näher und näher. Lotte blieb vor Angst fast das Herz stehen. „Gleich haben sie uns!“, dachte sie.

Doch Niklas hatte eine Idee: „Wo ist ihr Ruderboot?“ „Natürlich!“, rief Lotte. „Im dichten Gestrüpp hängen wir die ab! Los, zur anderen Seite der Insel!“

Das Ruderboot könnte tatsächlich die Rettung sein.

Lotte sah sich hektisch um. Sie erinnerte sich an einen kleinen Weg, der durch das dichte Ufergras führte. Es war ein holpriger, kleiner Pfad, wie gemacht für ihre flinken Füße.

„Wo sind diese Zwerge?“, hörten sie Homie wütend knirschen. Da rauschten Lotte und Niklas schon durch das Schilf zur anderen Seite. Nun durchschaute auch Lolly_blu den Plan der zwei. „Scheiße, die wollen zu unserem Boot!“, schrie sie.

Homie grunzte. Er hörte sich furchtbar wütend an. „Die mach' ich fertig!", brüllte er.
Niklas und Lotte wollten gar nicht wissen, was dann passierte, wenn sie eingeholt würden. Die beiden rannten, so schnell sie konnten. Geschickt sprangen sie über Steine und duckten sich unter Ästen weg, die im Weg hingen.
Lotte hatte furchtbare Seitenstiche. Niklas kriegte kaum noch Luft. Doch sie hatten wieder etwas Abstand gewonnen. Lolly_blu und Homie waren wohl nicht so schnelle Läufer. Doch wo war dieses verdammte Ruderboot? Es hätte doch längst im Ufergras auftauchen müssen. Endlich sahen sie es grün durch die Büsche schimmern.
„Da ist es!", japste Lotte. Sie sprang hinein, ließ sich auf die Bank fallen und griff die Ruder mit beiden Händen. Bereit zum Abfahren! Niklas fummelte noch am Busch herum, um die Leine zu lösen. Sie hatte sich in den Blättern verfangen.
„Sie sind am Boot!", hörte er Homie rufen. „Los! Die kriegen wir noch!"

„Niklas!“, schrie Lotte. „Mach schnell!“ Niklas riss an der Leine. Blätter und kleine Äste flogen zu allen Seiten. Endlich schaffte er es, sie zu lösen. Niklas schob das Boot ins Wasser und sprang hinein. Sofort tauchte Lotte die Ruder ins Wasser und begann, zu rudern. In dieser Sekunde kamen Lolly_blu und Homie wütend und atemlos am Ufer an. Homie stürzte sich mit einem Hechtsprung ins Wasser und versuchte, nach dem Boot zu greifen. „Schneller, Lotte!“ schrie Niklas in Panik. „Sonst kriegen sie uns.“ „Das schafft er nicht“, japste Lotte. „Wir sind schneller!“ Sie ruderte, so kräftig sie konnte. Dabei liefen ihr dicke Schweißperlen über das Gesicht.

Festgesetzt

„Da sind Ulrike und Papa!“, rief Niklas glücklich und zeigte auf zwei Gestalten am Ufer. „Sie suchen uns schon!“ Niklas stellte sich ins Ruderboot und winkte wie verrückt.

Die Eltern standen tatsächlich am Ufer. Neben ihnen lag das rote Kanu. Sie waren am See spazieren gegangen, hatten das Boot gesehen und an Land gezogen. Mit ängstlichen Gesichtern schauten sie auf den See hinaus. War den Kindern etwas passiert? Sollten sie die Rettungswacht rufen? Nun entdeckte Ulrike Niklas und winkte zurück. Erleichtert sah sie aus.

Als die Kinder verschwitzt am Ufer ankamen, liefen Ulrike und Hajo zu ihnen und halfen, das Boot aus dem Wasser zu ziehen.

„Was ist denn passiert?“, rief Ulrike aufgeregt. „Wir haben uns furchtbare Sorgen gemacht.“

„Ihr habt doch versprochen …“, begann Hajo. Weiter kam er nicht. Niklas hatte ihn mit einer ungeduldigen Handbewegung zum Schweigen gebracht.

Dann sprudelten die Kinder nur so mit ihrem Abenteuer heraus. Ulrike und Hajo blieb nichts anderes übrig, als sich die ganze Geschichte von Anfang bis Ende anzuhören.
„Ja, dann werden wir wohl die Polizei anrufen“, meinte Hajo zuletzt. „Die werden sich freuen, dass ihr die Jugendlichen gleich auf der Insel festgesetzt habt.“

Es dauerte keine halbe Stunde, dann war die Wasserpolizei zur Stelle. Sie setzten ihr Motorboot ein und fuhren zur Insel. Zu gerne wären die Kinder mitgefahren, aber das erlaubten die Polizisten nicht.
Als es Abend wurde, kamen die Polizisten aber wieder im Ferienhaus vorbei und erzählten von ihrem Einsatz: Die beiden Jugendlichen waren noch auf der Insel festgenommen worden.
Man fand sie wild schreiend und streitend in der alten Hütte. Bei ihnen wurde eine Menge Bargeld, Handys, Uhren und Schmuck gefunden, die sie in der Hütte versteckt hatten. Diese Sachen wollten sie später auf Schulhöfen und Flohmärkten verkaufen.

„Jetzt müsst ihr uns erzählen, wie ihr die Jugendlichen gefunden habt“, wollte der eine Polizist wissen.

„Klar“, meinte Niklas und lehnte sich stolz im Sessel zurück. „Wir haben die beiden belauscht und beobachtet. Dann haben wir sie bei Facebook gefunden.“

Ulrike warf erst Lotte, dann Niklas einen entsetzten Blick zu. „Bei Facebook?“, rief Ulrike entsetzt. „Was macht ihr denn bei Facebook?“ Doch Niklas redete fröhlich weiter. Dass Lotte ihm heimlich Zeichen machte, sah er gar nicht. „Papa ist bei Facebook“, erklärte er lässig. „Da bin ich über seinen Account bei Facebook reinge...“ Weiter kam er nicht. Denn Hajo sprang wütend auf. „Ich glaub's nicht!“, regte er sich auf. „Was fällt dir ein? Du kannst dich doch nicht einfach mit meinem Passwort einloggen und so tun, als wärst du ich! Ich fasse es nicht.“
Sein Gesicht hatte sich dunkelrot gefärbt und seine Augen funkelten. Niklas schluckte. Verdammt! Er hätte sich doch denken können, dass sein Vater das nicht gut fand. „Habe ich etwa jetzt diese Diebin auch noch als Freundin?“, bohrte Hajo weiter.
Lotte hatte ihn noch nie so wütend gesehen. Sie bekam richtig Mitleid mit Niklas. Schließlich war sie genauso schuld an der Sache wie er. „Wir haben das zusammen gemacht“, sagte sie darum. „Du musst auch mit mir schimpfen.“
Niklas warf ihr einen dankbaren Blick zu.

„Die Freundschaft zu Lolly_blu kannst du doch sofort wieder beenden“, versuchte Niklas, seinen Vater zu besänftigen.
„Egal! Es geht ums Prinzip!“, regte sich Hajo immer noch auf. Nun mischte sich auch der Polizist ein: „Sie haben Recht, Herr Wegener. Was die Kinder getan haben, war nicht richtig. Aber dafür haben sie auch zwei Diebe gefangen“, fügte er schmunzelnd hinzu. „Gegen den Jungen lag sogar schon eine Anzeige vor. Das Mädchen kannten wir noch nicht. Sie werden wahrscheinlich ein oder zwei Wochen Jugendarrest bekommen“.
Ulrike strich ihrem Freund über den Arm. „Komm schon, es ist doch nichts Schlimmes passiert. Die beiden machen das bestimmt nicht wieder.“
Hajo trank einen Schluck Tee.
„Immerhin war es ein spannendes Abenteuer für euch. Und mein blöder Facebook-Account ist mal zu etwas gut gewesen“, schmunzelte Hajo.
„Und Niklas und ich sind gute Freunde geworden“, warf Lotte ein. Niklas wurde ein bisschen rot und blinzelte zu ihr rüber.

Hajo setzte seine Teetasse ab. „Okay“, meinte er. „Ich will euch das mal verzeihen. Aber ich sage euch noch mal ganz klar: Das alles hätte verdammt gefährlich werden können.“
„Das machen wir bestimmt nicht wieder“, versprachen Lotte und Niklas zerknirscht.
„Aber morgen machen wir mal was ganz Normales, okay?“, schlug Ulrike vor. „Monopoly spielen?“
Lotte sah kurz zu Niklas hinüber und grinste. Der zwinkerte zurück. „Das Handy“, sagten seine Lippen. Lotte zuckte zusammen. Sie mussten ja auch noch beichten, dass das Handy bei der Bootstour gewässert worden war. Aber das würden sie sich besser für den nächsten Tag aufheben. Eltern durfte man schließlich nicht überfordern.

Einen Monat später …

… saß Hajo in seinem Arbeitszimmer am Laptop. Während er arbeitete, war sein Facebook-Account geöffnet. Plötzlich machte es „bling“. Unglaublich: eine Nachricht von Lolly_blu: „Hee, bist du on? Warum bist du denn letztens nicht zum Treffpunkt gekommen?“

Hajo stand kurz der Mund offen. Dann antwortete er: „Hallo Lolly_blu. Ich bin 38 Jahre alt. Ich habe die Polizei auf die Insel gerufen. An deiner Stelle würde ich diese Tricks lassen, sonst landest du noch mal länger im Knast!“

Dann wartete Hajo. Doch es kam keine Antwort mehr. Einen Augenblick später war Lolly_blu offline. Hajo grinste und klickte auf „Freundschaft beenden!“

Verlag an der Ruhr

Postfach 10 22 51
45422 Mülheim an der Ruhr

Telefon 030/89 785 235
Fax 030/89 785 578

bestellungen@cornelsen-schulverlage.de
www.verlagruhr.de

Auch aus dieser Reihe:

Das traust du dich nie, Jona!

Zum Inhalt dieses Kinderromans:

Jona kann es nicht fassen: Er soll bei den „Totenköpfen" aufgenommen werden, der coolsten Bande der Klasse? Dumm nur, dass seine beste Freundin Meike die „Totenköpfe" alles andere als cool findet. Heimlich stellt sich Jona den Mutproben der Bande. Zuerst läuft alles gut, doch dann muss Jona eine folgenschwere Entscheidung treffen, die auch seine Freundschaft zu Meike aufs Spiel setzt ...

■ **Das traust du dich nie, Jona!**
Lesestufe 1
Petra Bartoli y Eckert
Ab 8 J, 64 S., A5, Paperback
ISBN 978-3-8346-2438-3

■ **Das traust du dich nie, Jona!**
Lesestufe 2
Petra Bartoli y Eckert
Ab 8 J., 64 S., A5, Paperback
ISBN 978-3-8346-2439-0

■ **Das traust du dich nie, Jona!**
Lesestufe 3
Petra Bartoli y Eckert
Ab 8 J., 64 S., A5, Paperback
ISBN 978-3-8346-2440-6

Weitere Titel in Planung.

Kids - Klassenlektüre in drei Stufen